POESIE, RACCOLTA

CARBONI MASSIMO

Titolo | Poesie, raccolta
Autore | Massimo Carboni
ISBN | 978-88-31650-11-3

Youcanprint
Via Marco Biagi 6 - 73100 Lecce
www.youcanprint.it
info@youcanprint.it

CARBONI MASSIMO

POESIE, RACCOLTA

Indice parte 1

CARBONI MASSIMO

POESIE, RACCOLTA

Indice parte 2

CARBONI MASSIMO

POESIE, RACCOLTA

Prefazione

Piccola prefazione, non pensate ma prendete la poesia per quello che è.

Lo stato d'animo, il modo di vedere le cose dal punto di vista interno dell'autore, che solo lui stesso sa quello che è.

Non pensare, rifletti e lasciati andare.

CARBONI MASSIMO

5 SENSI(Dicembre '01)
Vorrei vedere i tuoi occhi....
sei troppo lontana perché io possa vederli;

Vorrei udire le tue parole....
sei troppo distante perché io possa udirle;

Vorrei sentire il tuo profumo....
sei troppo lontana perché io possa sentirlo;

Vorrei toccare la tua delicata pelle....
sei troppo lontana perché io possa toccarla;

Vorrei baciare le tue labbra....
sei troppo lontana perché io possa baciarle;

Vorrei usare i 5 sensi....
Sei troppo lontana perché io possa usarli.

5 SENSI-ritorno(Marzo '02)
Si, sei tornata; finalmente....

....potrei vedere i tuoi occhi....belli,
azzurri come il mare;

....potrei udire le tue parole....dolcissime,
tenere come un cioccolatino;

....potrei sentire anche il tuo profumo....soffice,
si candido come una rosa;

....potrei toccare la tua pelle....delicata,
morbida da oltrepassarla con un dito;

e persino potrei baciare la tua bocca....
con quelle labbra così sensibili che....

....sono spariti i 5 sensi:
era solo un sogno, un bellissimo sogno.

CARBONI MASSIMO

NOTTE E GIORNO(Maggio '07)
La notte, buia e tetra rivela
la maestosità del cielo pieno di luci ardenti;
così come
il giorno, luminoso e solare nasconde
il silenzio vasto e le luci ormai spente.

A MARIA(Luglio '07)
A Maria,
sensibile,
da perdersi,
in un soffio di vento.

MESI(Agosto '07)
Agosto
arrosto,

Settembre con
l'ombrello,

Dicembre col
mantello.

A SILVIA (Dicembre '07)
Luce calda
nella
fredda oscurità.

RIFIUTO(Marzo '08)
Volevo darti una spalla,
non l'hai voluta;

Volevo porgerti l'altra,
l'hai rifiutata;

Ho detto accetta,
tu hai risposto disdetta;

Mi son detto quanta fretta!
e tu.... l'hai scelta.

NON SO(Dicembre '08)
Non so se sai
non so se sei
non so se sia,
ma ti amo più di prima.

IL PAESAGGIO INNEVATO(Gennaio '09)
Il paesaggio fermo sta,
il paesaggio silenzioso se ne va;

Sotto il manto bianco tutto scorre,
anche il tempo trascorre;

La neve continua scendente,
tutto sembra pendente
vicino ad un fuoco ardente;

Un altro giorno se ne andrà
ma il paesaggio innevato rimarrà.

PASQUA'09(Aprile-Pasqua '09)
Non sono teologo
e non so fare il monologo,

carissimo Don Salvatore
la Pasqua è del Signore,

tutti subiamo la Passione
la morte e la RESURREZIONE.

A TE (Aprile '09)
Luce splendente,
come non mai,
il sole,
in cielo.

POESIE, RACCOLTA

ESTATE(Giugno '09)
L'estate si è avvicinata,
l'estate è arrivata;

L'estate calda,
l'estate riscalda;

L'estate dormiente,
l'estate piangente;

L'estate si è allontanata,
l'estate è dimenticata.

CARBONI MASSIMO

RAI(Giugno '09)
Con la Rai è dimenticata,
con la Rai è addormentata;

Con la Rai è passata,
con la Rai è lasciata;

Con la Rai ci sarà,
con la Rai non si dimenticherà.

POESIE, RACCOLTA

IL PAESE (Luglio '09)
Tutto piace,
niente tace;

Tutto respira,
niente attira;

Tutto scioglie,
niente m'accoglie;

Questo è il paese
senza pretese.

PER VOI(Luglio '09)
Voi che busserete,
voi che suonerete,

voi metterete la coscienza,
voi accetterete la sentenza.

IL MATRIMONIO(Agosto '09)
Il matrimonio è una giornata festosa,
bianca, pura come la sposa;

Il matrimonio è allegria e divertimento,
in mezzo c'è sincerità e sentimento,
però attenti al pentimento;

Il matrimonio ora è finito,
l'amore ora è infinito.

CARBONI MASSIMO

POESIE, RACCOLTA

IL VENTO(Agosto '09)
Il vento soffia e tutto fa rumore,
il vento fischia e tutto tace;
Il vento spazza
e tutto s'alza;

La finestra sbatte, la porta si richiude
e il vento s'illude;
Le foglie vibrano, l'albero barcolla
ma il vento non molla.

Poi il silenzio che sembra avere un senso;

Dopo tanto chiasso
il vento se ne va a spasso.

Il sole sorride
la gente ride,
le foglie piangono
i tetti rimangono.

Ma tutto ricomincia
quello che il vento ha interrotto senza rinuncia.

CARBONI MASSIMO

BREZZA (Agosto '09)
Gli alberi tintinnano
la foglie tremano,
scende la brezza
per dare freschezza.

CAMPOSCUOLA(Settembre '09)
Il camposcuola è una ola;
gli istruttori son suonatori,
i ragazzini son ballerini.
Inizia la giornata con
canti preghiere e stornellata.
Dopo aver mangiato a sazietà
si presenta il dramma con attività e
piano piano cala il sole e l'oscurità.
Arriva il prete per la benedizione,
con la confessione e l'assoluzione e poi
la celebrazione per la conclusione,
ma tutti sanno chi verrà, che il camposcuola
il prossimo anno ci sarà.

TUTTO(Settembre '09)
Tutto silenzio,

Tutto tacque,

Tutto giacque.

IL MARE(Novembre '09)
Calmo che filtra sulle fessure facendosi
dondolare
questo è il mare.

Si arrabbia si infuria e sbatte,
sbatte, sbatte senza farsi fermare
questo è il mare.

Si alza in piedi per divorare, mangiare
questo è il mare.

Finalmente si placa dopo aver sbiancato,
si ritira, si ritrae, questo è il mare
che si lascia domare.

CARBONI MASSIMO

POESIE, RACCOLTA

LA VITA(Novembre '09)
La vita è gioiosa,
la vita è grintosa;

La vita è un silenzio di voci,
tutte pronte tutte audaci;

La vita è come la salita dopo la
discesa, tutto in ascesa;

Tanto bella tanto varia
la vita è piena di malaria;

Dopo tanti sacrifici e sofferenze
la vita se ne va e tutto il resto rimarrà.

CARBONI MASSIMO

AUGURI DON SALVATORE(Dicembre '09)
Carissimo Don Salvatore,
un anno è passato,
e tu te ne sei andato;

Il tuo pensierino
è sul camino;

L'angioletto che mi fu dato,
non è dimenticato,
è ora ritornato;

Carissimo Don Salvatore
buone feste con il Signore!.

POESIA(Gennaio '10)
E' quello che vedi;

E' quello che senti;

E' quello che ascolti,
dentro.

IL MALATO(Giugno '10)
A casa sta
a letto se ne sta

il malato

non può dare
il meglio può fare

il malato

qualche giorno attendere dovrà
per guarire e in forma tornerà

il malato

la settimana avrà dimenticato,
felice e contento il lavoro ha ripristinato.

AMORE, ODIO(Ottobre '10)
A te che hai sempre amato
amor perdona;

A te che hai sempre odiato
la speranza pervade.

RICORDO(Ottobre '11)
Il signore ha detto di chiamarmi,
non lasciarmi;

Voi la mia assenza non piangerete,
ma sorriderete;

Non lasciate tutto infrangere,
ma tenete senza stringere.

METRO(Ottobre '11)
La metro avanti e indietro fa,
ma nessuno sa;

Tutti salgono tutti scendono,
e nessuno vedono;

Tutti insieme si va, in qua e in la.

PENSIERO(Marzo'12)
Oggi ho visto passare un fiore,
che brutto lasciarlo passare;

Nel mio cuore un pizzicore,
nella mia mente uno sfolgòre;

Sempre insieme con me resterai,
solo tu se lo vorrai.

POESIE, RACCOLTA

IL TEMPO(Aprile'13)
Il tempo, corre corre corre e va,
Il tempo nessuno sa dove andrà;

Il tempo, un attimo un secondo un istante,
Il tempo un aitante;

Il tempo, si nasce si cresce si vivrà,
Il tempo, ma nessuno sa come finirà.

CARBONI MASSIMO

AMO(Maggio'13)
Ti amo più del sole,
Ti amo più del Mondo,
Ti amo in un sol secondo.

LE LUCI (Luglio'13)
Le luci, accendono e spengono,
tutto brilla tutto scintilla;

Le luci, nella distanza un bagliore,
più si avvicina più cammina;

Le luci, con il suono la melodia,
che ti porta via;

Non lasciare che accada,
segui la strada.

CIELO(Luglio'13)
In questo cielo immenso,
mi sfiora un pensiero eterno.

VALANGA(Agosto'13)
La punta il vento spolvera mentre le nuvole tutto
chiude;

Sopra le cime un sussulto,
In pianura un tumulto;

Il monte trema e scuote,
nella pianura la città si ripercuote;

Il bianco manto scende,
e la città si prende;

I soccorritori arriveranno e tutto ripristineranno.

DEDICATO A TE(Ottobre'13)
Come il cielo sopra lei,
infinito più che mai,
lontano tu sarai;

Non lasciarmi, non seguirmi,
prosegui verso la via e non tradirmi;

Più avanti vai,
più amarmi saprai.

COMPLEANNO(Ottobre'13)
E' passato un altro anno,
buon compleanno;

Non guardare dietro ma avanti
e ti proteggeranno tutti i santi,
tanti auguri a te per i tuoi anni.

CARBONI MASSIMO

VOLERE(Novembre'13)
Così disse,
Se nessuno potrà,
Nulla vorrà.

L'UOMO SULLA PANCHINA(Febbraio'14)
Assolto nei suoi pensieri,
guardando le stelle brillar
è l'uomo sulla panchina
che niente deve far;

Innocente come infantile,
è l'uomo sulla panchina
che fruga tra i rifiuti la mattina;

Girovagando se ne va,
a chiedere elemosina per una monetina,
è l'uomo sulla panchina.

NOI(Maggio-Agosto'14)
Quando il nostro sguardo si è incontrato,
mai più si è lasciato

Avanti guarderò
Indietro griderò

Se un giorno tu vorrai,
con me ritornerai.

POESIE, RACCOLTA

VORREI MORIRE(Dicembre'14)
Vorrei morire perché
non ho altro a parte te

Vorrei morire vicino alle
tue labbra viola e viso bianco,
al tuo corpo ghiaccio impassibile,
allo sguardo che non c'è.

Vorrei morire ricordando momenti
quei belli e salienti;

La tua anima è volata via lassù
tra gli angeli e le stelle
che il cielo racchiude facendo sfaville.

Io, tra luce e bagliore
nel cuore un pizzicore,

Vorrei morire perché
amo solo te.

CARBONI MASSIMO

VIVERE(Gennaio'15)
E' sempre più difficile vivere....,
la speranza che ci attanaglia è indelebile
come un sogno incancellabile;

Ogni giorno è vivere....,
con tensione, atmosfera e
quatti quatti per arrivar sera;

Un pezzo di pane e minestra al mattino e
alla sera panchina come lettino;

Tutto è niente e nulla,
si nasce in una culla,
poi i primi passi per credere
in una realtà da vivere.

POESIE, RACCOLTA

IN QUESTA VITA(Gennaio'15)
In questa vita non riesco ad immaginare come
possa tu scappare,
senza filamenti
e con la lingua tra i denti,

Non piangere, no non piangere
altrimenti rischi di infrangere,

Ti vedo alla finestra ciò che osservi davanti
quello che non hai visto pregando tutti i santi,

Non ti fermare, lasciati andare,

Prendi il momento
perché è quello che ti sta succedendo,
in questa vita.

CARBONI MASSIMO

ESISTENZA(Gennaio'15)
Sono solo che penso oltre l'infinito
dietro questo muro luminoso
e mi perdo nell'Universo immenso
senza trovar altro che
frammenti sparsi della mia esistenza.

POESIE, RACCOLTA

DENTRO(Giugno'15)
Sono qui rinchiuso dentro me
con i miei ricordi ed i miei perché;

Le mie nostalgie mi tormentano
i pensieri, i dubbi che si accavallano;

Esco prendo un po' fiato e ritorno,
la fobia mi perseguita e avvolge tutto intorno;

la speranza è persa tutto è vano
mi lascio andare,
mi lascio cadere,
con le risposte mai avute invano.

CARBONI MASSIMO

POESIE, RACCOLTA

CONCERTO(settembre'19)
Il tuo candore come splendore,
sta sul palco prima che io tacquo;

Il tuo girovagare tintinnante,
come il sorriso altalenante;

Gioiosa festosa spensierata,
come sempre tutta la serata;

Tutti saltano scherzano ridono,
prima di farsi un riposino;

Nel cuore con me sempre ti porterò
senza mai dire ti scorderò.

CARBONI MASSIMO

Youcanprint
Finito di stampare nel mese di Novembre 2019